Impressum
Verlag: BABADADA GmbH, Nedderfeld 112 , 22529 Hamburg
Geschäftsführer / Verlagsleitung: Harald Hof
Druck: Books on Demand GmbH, In de Tarpen 42, 22848 Norderstedt

Imprint
Publisher: BABADADA GmbH, Nedderfeld 112 , 22529 Hamburg, Germany
Managing Director / Publishing direction: Harald Hof
Print: Books on Demand GmbH, In de Tarpen 42, 22848 Norderstedt, Germany

学校

skola

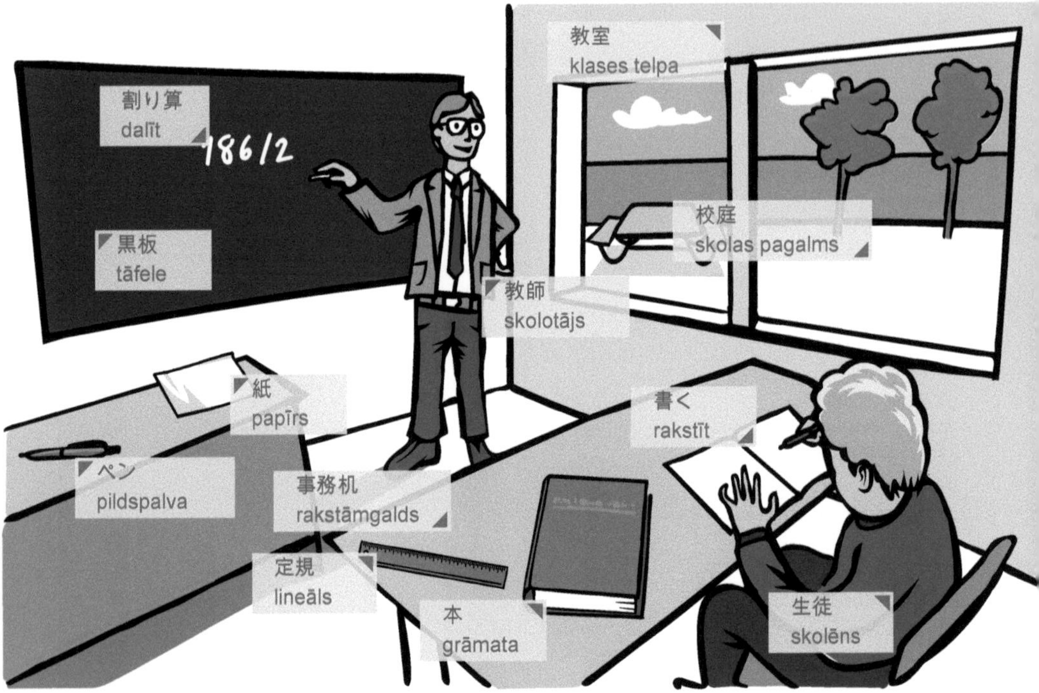
教室
klases telpa
割り算
dalīt
186/2
黒板
tāfele
校庭
skolas pagalms
教師
skolotājs
紙
papīrs
書く
rakstīt
ペン
pildspalva
事務机
rakstāmgalds
定規
lineāls
本
grāmata
生徒
skolēns

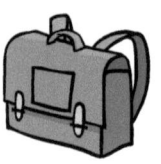

ランドセル

skolas soma

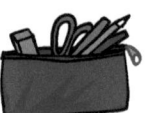

筆入れ

penālis

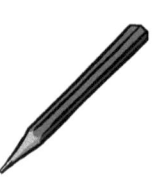

鉛筆

zīmulis

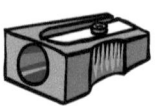

鉛筆削り

zīmuļu asināmais

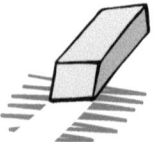

消しゴム

dzēšgumija

スケッチブック

zīmēšanas bloks

スケッチ

zīmējums

絵筆

ota

絵の具箱

krāsas

はさみ

šķēres

接着剤

līme

練習帳

darba burtnīca

宿題

mājas darbs

12

数

skaitlis

2+2

足し算

saskaitīt

引き算

atņemt

2×2

かけ算

reizināt

計算する

rēķināt

A

文字

burts

ABCDEFG
HIJKLMN
OPQRSTU
VWXYZ

アルファベット

alfabēts

hello

単語

vārds

テキスト

teksts

読む

lasīt

チョーク

krīts

授業

mācību stunda

学級日誌

žurnāls

試験

eksāmens

通知表

liecība

制服

skolas forma

教育

izglītība

百科事典

enciklopēdija

大学

universitāte

顕微鏡

mikroskops

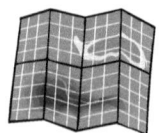

地図

karte

ごみ箱

papīrgrozs

旅行

ceļojums

ホテル
viesnīca
Grand
ホステル
hostelis
ROOMS
両替所
valūtas maiņas punkts
CHANGE
スーツケース
čemodāns
自動車
automašīna

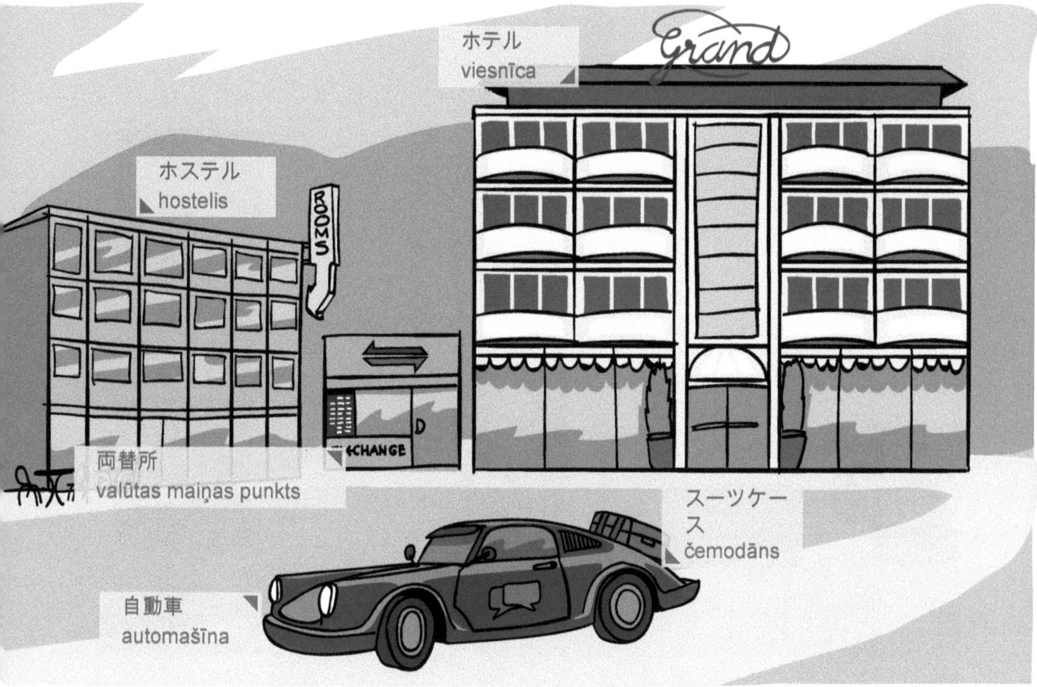

言語

Valoda

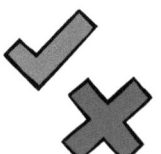

はい / いいえ

jā / nē

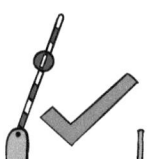

問題ない

Okay

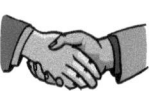

ハロー

Sveiki!

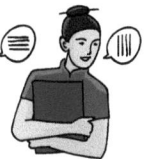

翻訳者

tulks

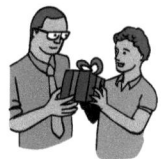

ありがとう

paldies

…はいくらですか？

Cik maksā…?

わかりません

Es nesaprotu

問題

problēma

こんばんは！

Labvakar!

おはようございます！

Labrīt!

おやすみなさい！

Ar labu nakti!

さようなら

Uz redzēšanos

方向

virziens

手荷物

bagāža

バッグ

soma

リュックサック

mugursoma

お客様

viesis

部屋

istaba

寝袋

guļammaiss

テント

telts

旅行者情報

tūrisma informācija

ビーチ

pludmale

クレジットカード

kredītkarte

朝食

brokastis

昼食

pusdienas

夕食

vakariņas

チケット

biļete

エレベーター

lifts

スタンプ

pastmarka

境界

robeža

税関

muita

大使館

vēstniecība

ビザ

vīza

パスポート

pase

輸送
transports

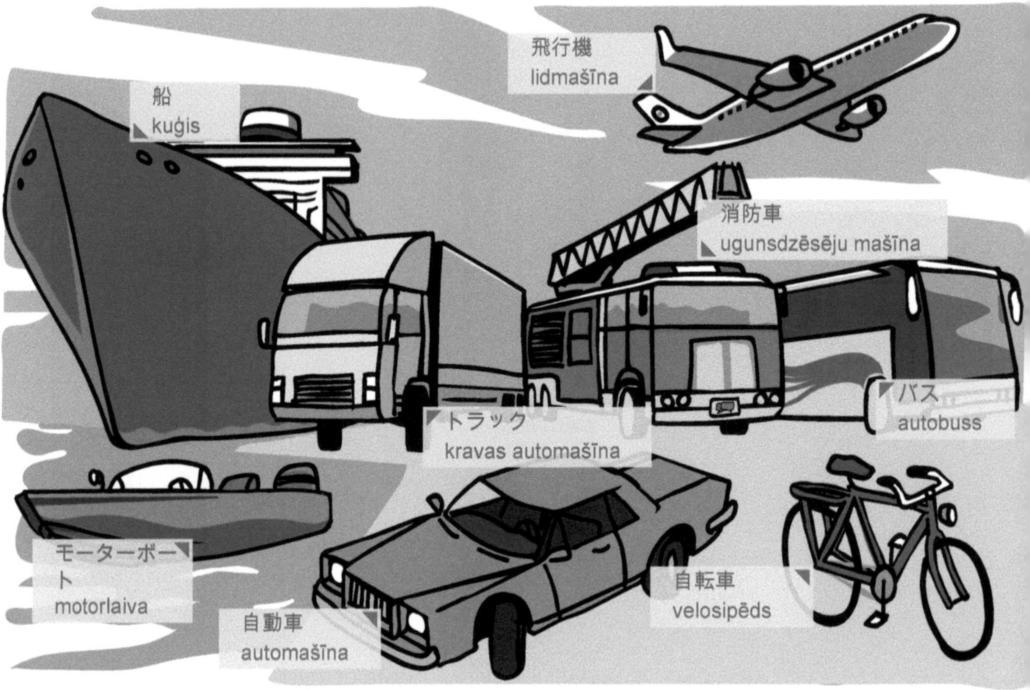

飛行機
lidmašīna

船
kuģis

消防車
ugunsdzēsēju mašīna

トラック
kravas automašīna

バス
autobuss

モーターボート
motorlaiva

自動車
automašīna

自転車
velosipēds

フェリー
prāmis

ボート
laiva

バイク
motocikls

パトカー
policijas automašīna

レーシングカー
sacīkšu automobilis

レンタカー
nomas auto

カーシェアリング

auto koplietošana

レッカー車

evakuators

ごみ収集車

atkritumu mašīna

モーター

dzinējs

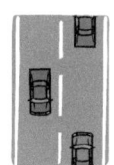

燃料

benzīns

ガソリンスタンド

degvielas uzpildes stacija

交通標識

ceļa zīme

交通

satiksme

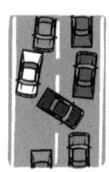

渋滞

sastrēgums

駐車場

stāvvieta

駅

dzelzceļa stacija

道

sliedes

列車

vilciens

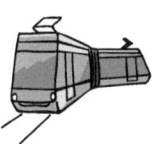

路面電車

tramvajs

車両

vagons

ヘリコプター
helikopters

空港
lidosta

タワー
tornis

乗客
pasažieris

コンテナ
konteiners

段ボール箱
kaste

カート
ratiņi

カゴ
grozs

離陸 / 着陸
pacelties / nosēsties

都市

pilsēta

村
ciems

都心
pilsētas centrs

家
māja

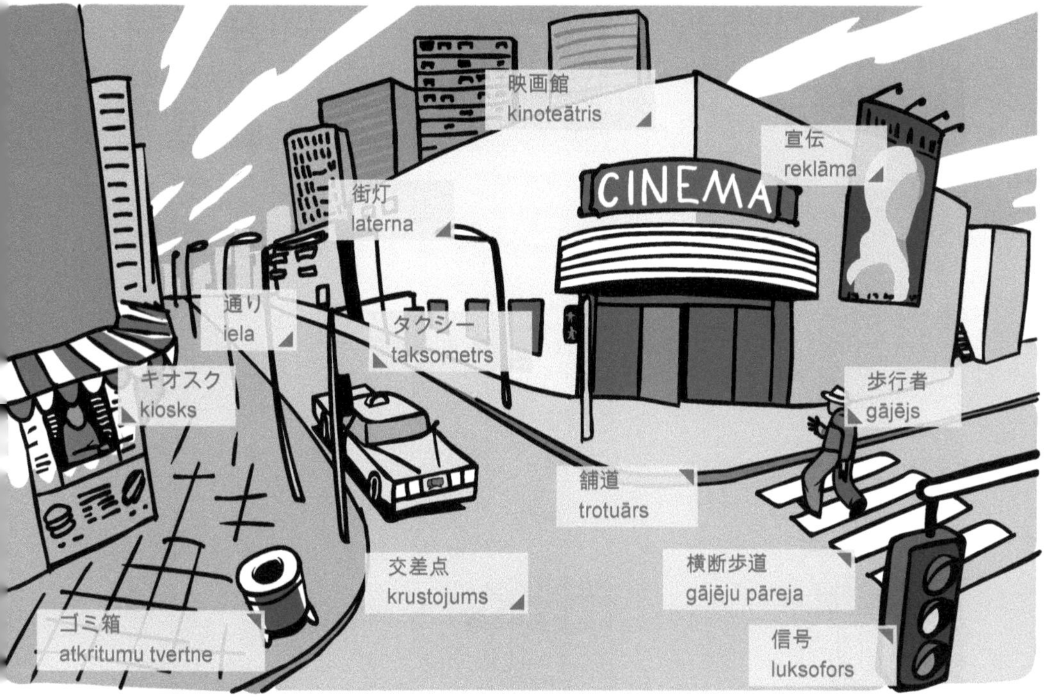
映画館
kinoteātris
宣伝
reklāma
CINEMA
街灯
laterna
通り
iela
タクシー
taksometrs
キオスク
kiosks
歩行者
gājējs
舗道
trotuārs
交差点
krustojums
横断歩道
gājēju pāreja
ゴミ箱
atkritumu tvertne
信号
luksofors

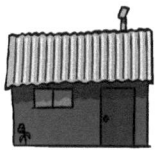

小屋
būda

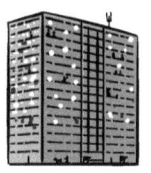

アパート
dzīvoklis

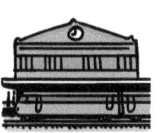

駅
dzelzceļa stacija

市役所
rātsnams

MUSEUM

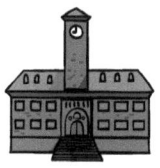

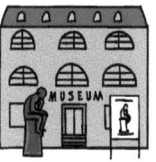

美術館
muzejs

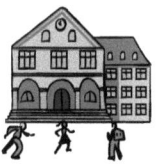

学校
skola

大学

universitāte

銀行

banka

病院

slimnīca

ホテル

viesnīca

薬局

aptieka

オフィス

birojs

書店

grāmatnīca

ショップ

veikals

花屋

ziedu veikals

スーパーマーケット

lielveikals

市場

tirgus

デパート

tirdzniecības centrs

魚屋

zivju tirgotājs

ショッピングセンター

tirdzniecības centrs

港

osta

公園

parks

ベンチ

sols

橋

tilts

階段

kāpnes

地下鉄

metro

トンネル

tunelis

バス停

autobusa pieturvieta

バー

bārs

レストラン

restorāns

ポスト

pastkastīte

道路標識

ielas nosaukuma plāksne

パーキングメーター

stāvlaika skaitītājs

動物園

zooloģiskais dārzs

スイミングプール

peldbaseins

モスク

mošeja

農場

zemnieku saimniecība

汚染

vides piesārņojums

墓地

kapsēta

教会

baznīca

遊び場

spēļu laukums

寺

templis

風景

ainava

葉
lapa

道標
ceļrādis

道
ceļš

草地
pļava

石
akmens

木
koks

ハイカー
ceļotājs

川
upe

草
zāle

花
puķe

谷
ieleja

山
kalns

湖
ezers

森
mežs

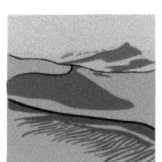

砂漠
tuksnesis

火山
vulkāns

城
pils

虹
varavīksne

キノコ
sēne

ヤシの木
palma

蚊
moskīts

ハエ
muša

蟻
skudra

ミツバチ
bite

クモ
zirneklis

カブトムシ

vabole

蛙

varde

リス

vāvere

ハリネズミ

ezis

ウサギ

zaķis

フクロウ

pūce

鳥

putns

白鳥

gulbis

雄豚

meža cūka

鹿

briedis

ヘラジカ

alnis

ダム

aizsprosts

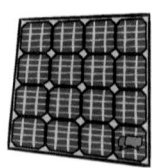

風力タービン

vēja ģenerators

ソーラーパネル

saules baterija

気候

klimats

レストラン
restorāns

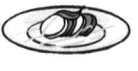

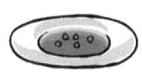

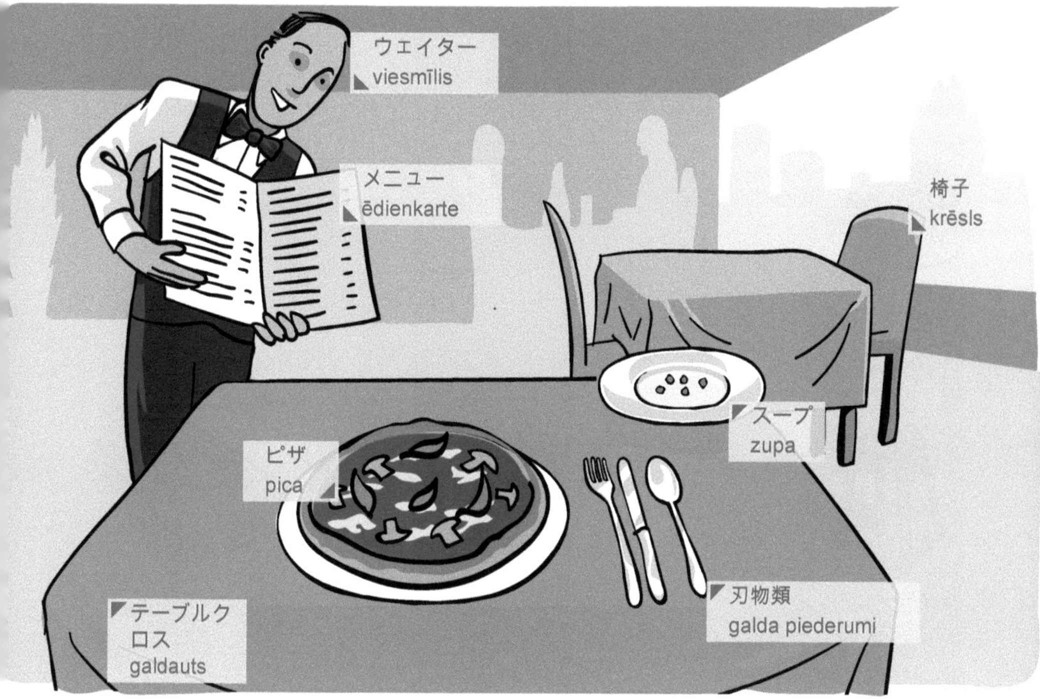

ウェイター
viesmīlis
メニュー
ēdienkarte
椅子
krēsls
スープ
zupa
ピザ
pica
刃物類
galda piederumi
テーブルクロス
galdauts

前菜

uzkoda

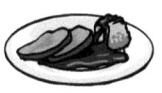

メインコース

pamatēdiens

デザート

deserts

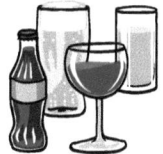

飲み物

dzērieni

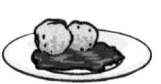

食べ物

ēdiens

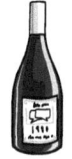

ボトル

pudele

ファストフード

ātrās uzkodas

屋台の食べ物

ielu uzkodas

ティーポット

tējkanna

砂糖入れ

cukurtrauks

一人前

porcija

エスプレッソマシン

espresso kafijas automāts

幼児用食事椅子

bāra krēsls

請求書

rēķins

トレー

paplāte

ナイフ

nazis

フォーク

dakša

スプーン

karote

ティースプーン

tējkarote

ナプキン

salvete

グラス

glāze

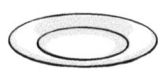

皿

šķīvis

スープ皿

zupas šķīvis

受け皿

apakštase

ソース

mērce

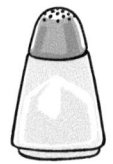

塩入れ

sāls trauciņš

ペッパーミル

piparu dzirnaviņas

酢

etiķis

油

eļļa

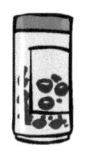

スパイス

garšvielas

ケチャップ

kečups

マスタード

sinepes

マヨネーズ

majonēze

スーパーマーケット

lielveikals

特価品
piedāvājums
FOR
顧客
klients
乳製品
piena produkti
果物
augļi
ショッピング・カート
iepirkumu ratiņi

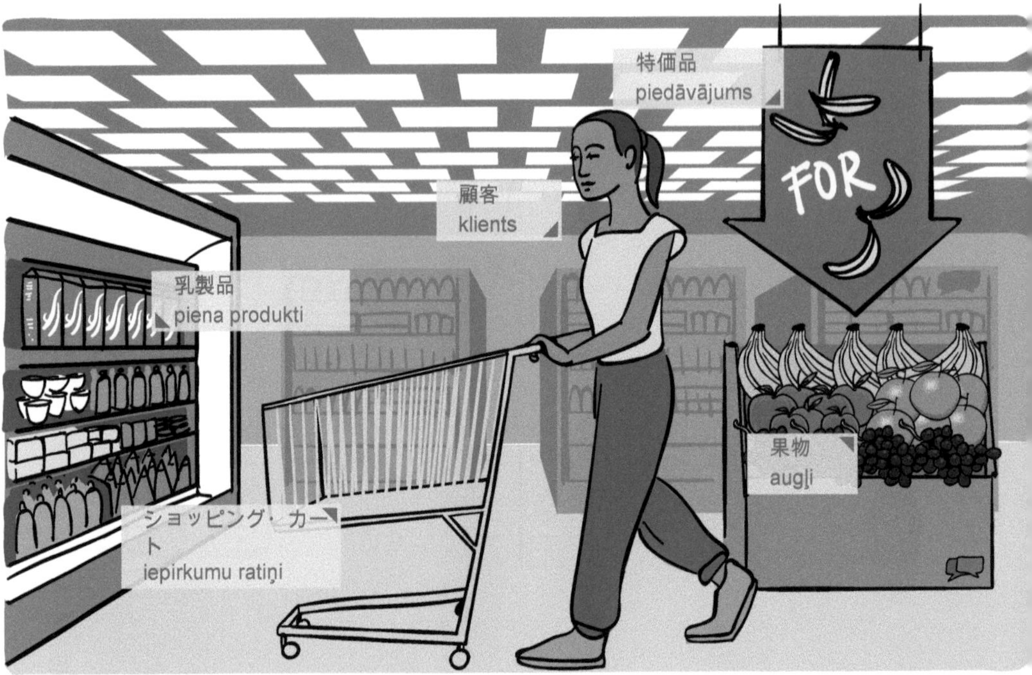

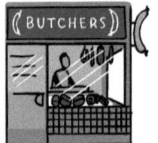

BUTCHERS

肉屋

kautuve

BAKERY

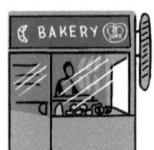

パン屋

maizes veikals

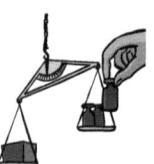

重さをはかる

svērt

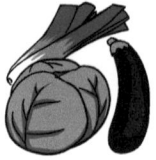

野菜

dārzeņi

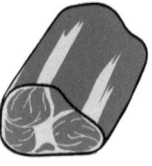

肉

gaļa

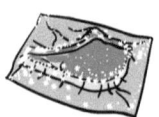

冷凍食品

saldēti produkti

冷肉の薄切り

aukstās gaļas uzkodas

缶詰食品

konservi

洗剤

pulveris

菓子

saldumi

家庭用品

mājsaimniecības preces

清掃用品

tīrīšanas līdzeklis

販売員

pārdevēja

現金箱

kase

レジ係

kasieris

買い物リスト

iepirkumu saraksts

開館時刻

darba laiks

財布

maks

クレジットカード

kredītkarte

バッグ

soma

ポリ袋

maisiņš

水

ūdens

ジュース

sula

牛乳

piens

コーラ

kola

ワイン

vīns

ビール

alus

アルコール

alkohols

ココア

kakao

紅茶

tēja

コーヒー

kafija

エスプレッソ

espresso

カプチーノ

kapučīno

バナナ

banāns

リンゴ

ābols

オレンジ

apelsīns

メロン

melone

レモン

citrons

ニンジン

burkāns

ニンニク

ķiploks

竹

bambuss

玉ねぎ

sīpols

キノコ

sēne

ナッツ

rieksti

ヌードル

makaroni

スパゲッティ

spageti

米

rīsi

サラダ

salāti

フライドポテト

frī kartupeļi

フライドポテト

cepti kartupeļi

ピザ

pica

ハンバーガー

hamburgers

サンドウィッチ

sviestmaize

カツレツ

šnicele

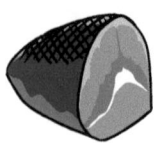

ハム

šķiņķis

サラミ

salami

ソーセージ

desa

鶏肉

vista

焼き

cepetis

魚

zivs

食べ物 - ēdiens

麦のお粥

auzu pārslas

ムーズリ

muslis

コーンフレーク

brokastu pārslas

小麦粉

milti

クロワッサン

radziņš

ロールパン

brokastu maizītes

パン

maize

トースト

tostermaize

ビスケット

cepumi

バター

sviests

カッテージチーズ

biezpiens

ケーキ

kūka

卵

ola

目玉焼き

cepta ola

チーズ

siers

アイスクリーム

saldējums

砂糖

cukurs

はちみつ

medus

ジャム

marmelāde

ヌガークリーム

riekstu krēms

カレー

karijs

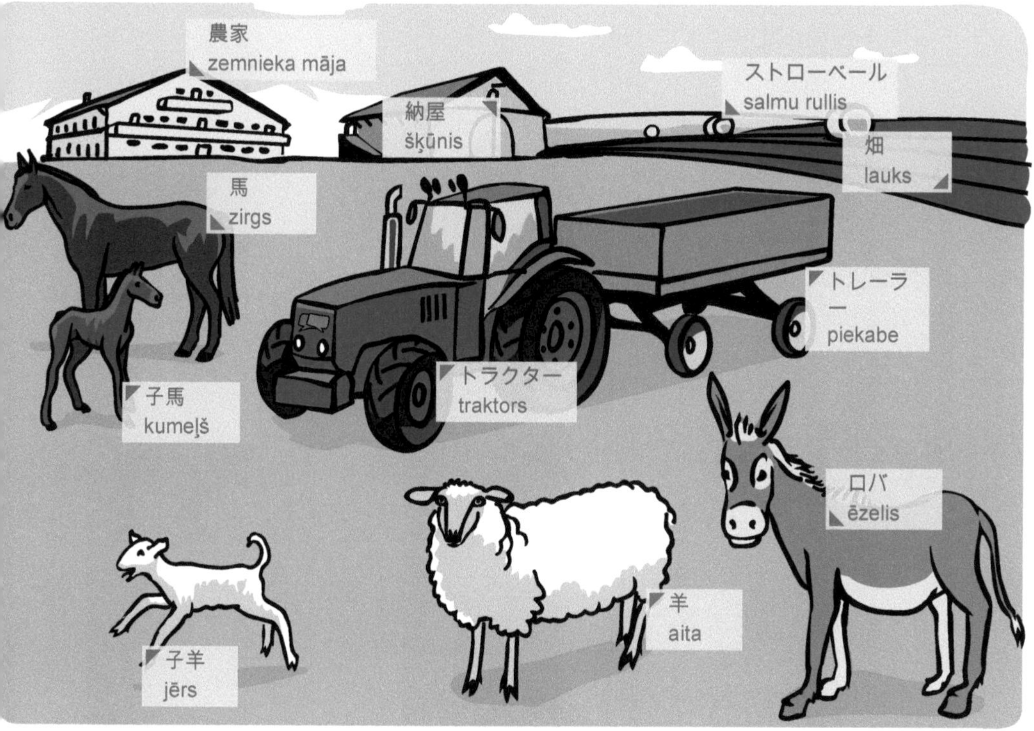

農家
zemnieka māja

ストローベール
salmu rullis

納屋
šķūnis

畑
lauks

馬
zirgs

トレーラー
piekabe

子馬
kumeļš

トラクター
traktors

ロバ
ēzelis

子羊
jērs

羊
aita

ヤギ
kaza

雌牛
govs

子牛
teļš

豚
cūka

子豚
sivēns

雄牛
bullis

ガチョウ

zoss

アヒル

pīle

ひよこ

cālis

にわとり

vista

おんどり

gailis

ネズミ

žurka

猫

kaķis

ねずみ

pele

雄牛

vērsis

犬

suns

犬小屋

suņa būda

散水ホース

dārza šļūtene

じょうろ

lejkanna

大鎌

izkapts

すき

arkls

草刈り鎌

sirpis

くわ

kaplis

堆肥用フォーク

mēslu dakša

斧

cirvis

手押し車

ķerra

かいばおけ

sile

牛乳缶

piena kanna

袋

maiss

フェンス

žogs

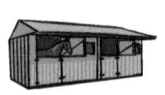

畜舎

kūts

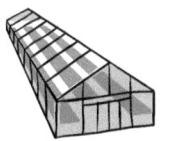

温室

siltumnīca

土壌

augsne

種

sēklas

肥料

mēslojums

コンバイン

kombains

農場 - zemnieku saimniecība

収穫する

novākt ražu

収穫

raža

ヤマイモ

jamss

小麦

kvieši

大豆

soja

じゃがいも

kartupelis

トウモロコシ

kukurūza

菜種

rapsis

果樹

augļu koks

キャッサバ

manioka

穀物

labība

家

māja

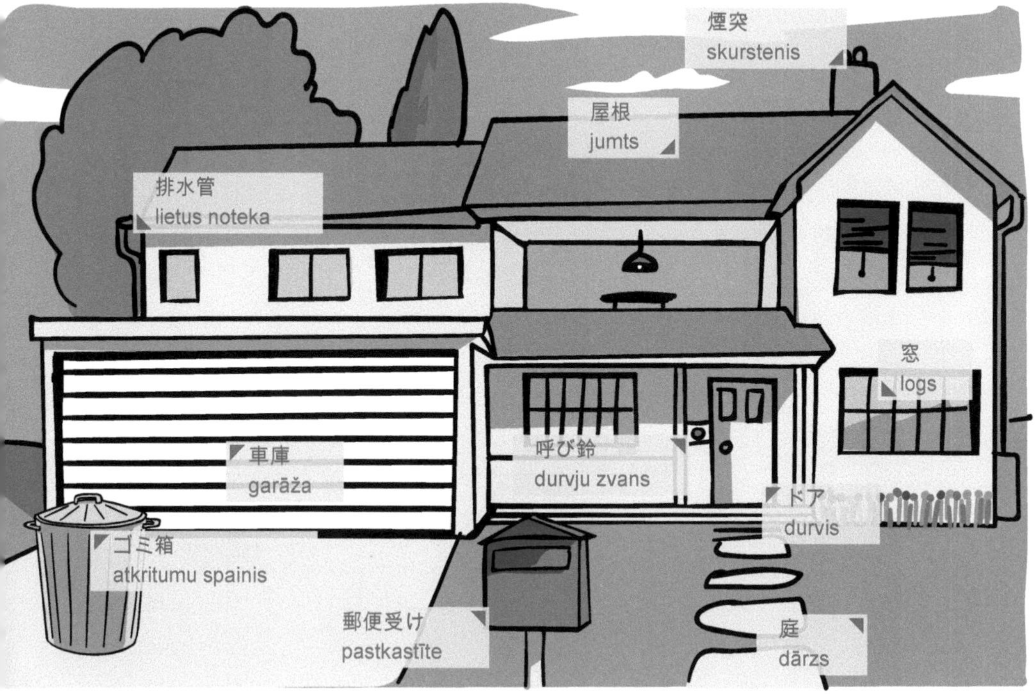

煙突
skurstenis
屋根
jumts
排水管
lietus noteka
窓
logs
車庫
garāža
呼び鈴
durvju zvans
ドア
durvis
ゴミ箱
atkritumu spainis
郵便受け
pastkastīte
庭
dārzs

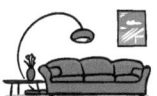

リビングルーム

viesistaba

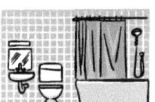

浴室

vannas istaba

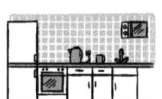

台所

virtuve

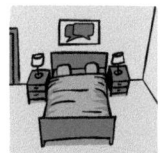

寝室

guļamistaba

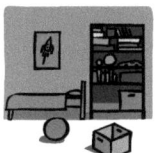

子供部屋

bērnu istaba

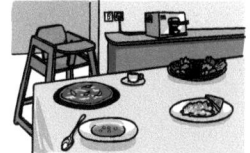

ダイニング・ルーム

ēdamistaba

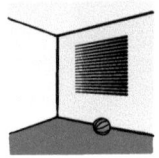

床
grīda

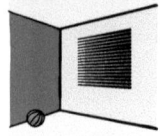

壁
siena

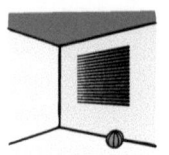

天井
griesti

地下貯蔵庫
pagrabs

サウナ
sauna

バルコニー
balkons

テラス
terase

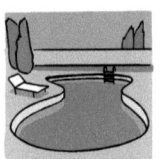

プール
baseins

芝刈り機
zāles pļāvējs

シーツ
gultas veļa

ベッドカバー
sega

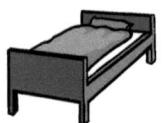

ベッド
gulta

ほうき
slota

バケツ
spainis

スイッチ
slēdzis

リビングルーム

viesistaba

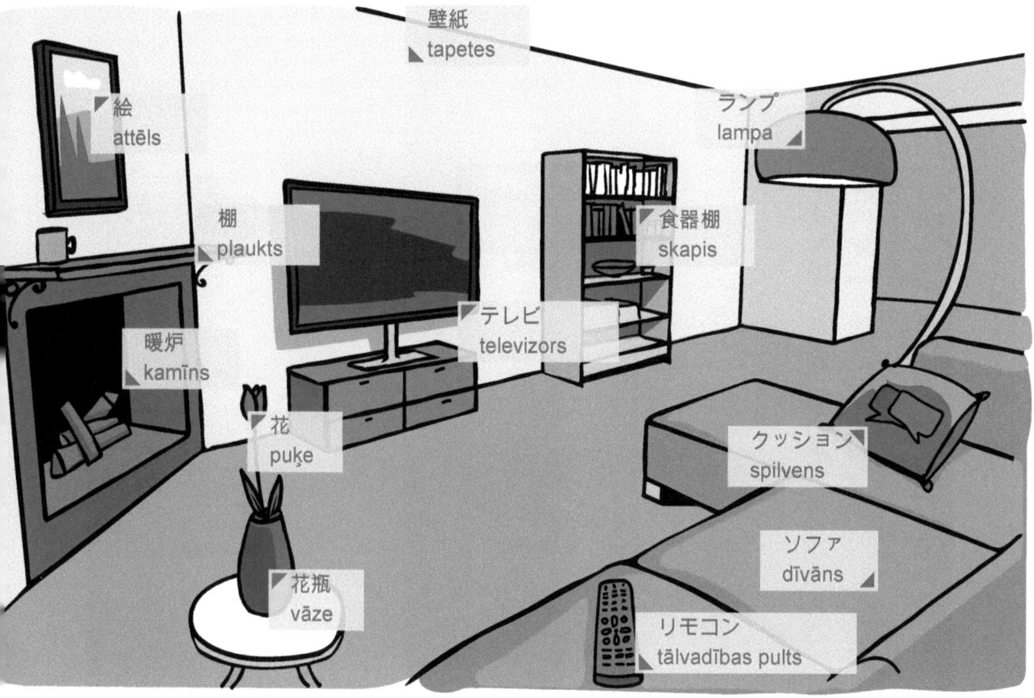

壁紙
tapetes
絵
attēls
ランプ
lampa
棚
plaukts
食器棚
skapis
テレビ
televizors
暖炉
kamīns
花
puķe
クッション
spilvens
ソファ
dīvāns
花瓶
vāze
リモコン
tālvadības pults

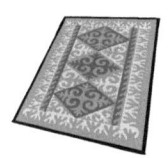

カーペット

paklājs

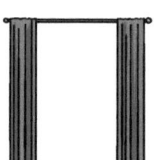

カーテン

aizkars

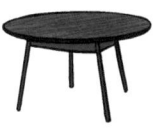

テーブル

galds

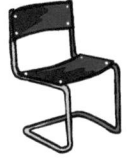

椅子

krēsls

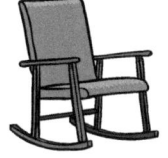

ロッキングチェア

šūpuļkrēsls

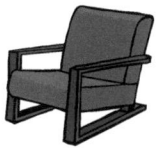

ひじ掛け椅子

atpūtas krēsls

本
grāmata

毛布
sega

飾り
dekorācija

たきぎ
malka

映画
filma

ステレオ
mūzikas centrs

鍵
atslēga

新聞
avīze

絵画
glezna

ポスター
plakāts

ラジオ
radio

メモ帳
pierakstu blociņš

掃除機
putekļu sūcējs

サボテン
kaktuss

ろうそく
svece

台所
virtuve

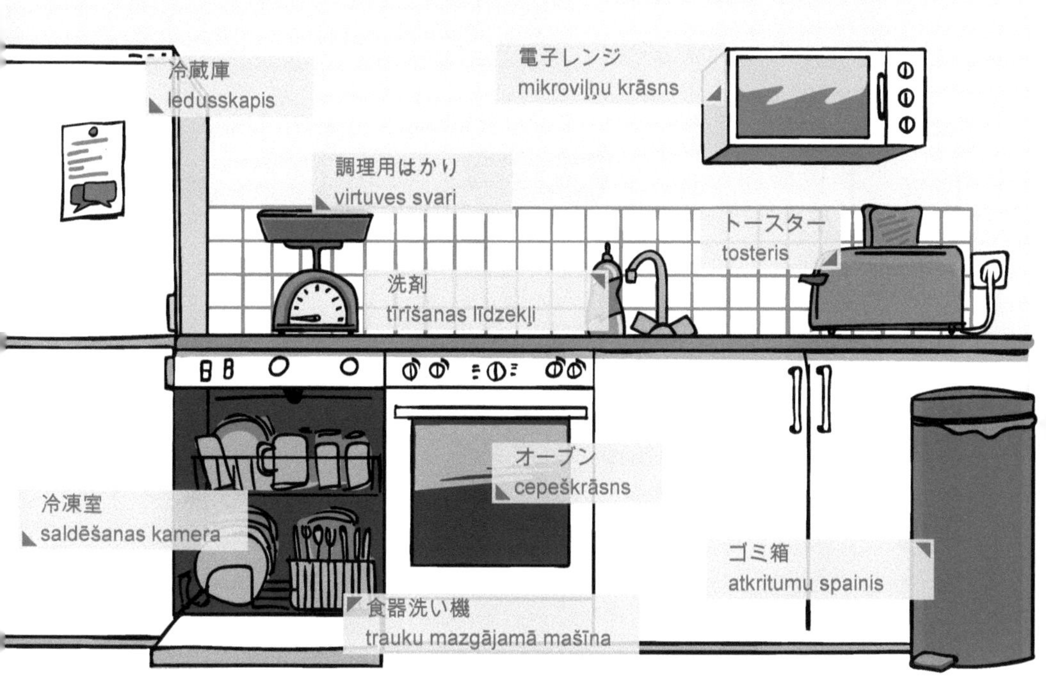
冷蔵庫
ledusskapis
電子レンジ
mikroviļņu krāsns
調理用はかり
virtuves svari
トースター
tosteris
洗剤
tīrīšanas līdzekļi
オーブン
cepeškrāsns
冷凍室
saldēšanas kamera
ゴミ箱
atkritumu spainis
食器洗い機
trauku mazgājamā mašīna

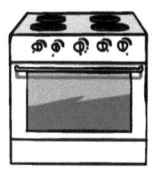

こんろ
plīts

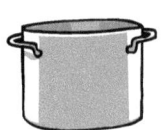

鍋
pods

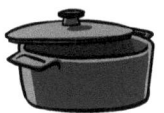

鉄鍋
katls

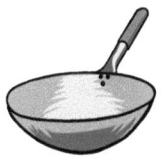

中華鍋/ カダイ鍋
Wok panna

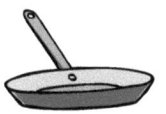

フライパン
panna

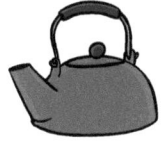

やかん
elektriskā tējkanna

蒸し器

tvaika katls

天板

cepešpanna

食器

trauki

マグカップ

krūze

ボウル

bļoda

箸

irbulīši

おたま

kauss

へら

lāpstiņa

泡立て器

putošanas slotiņa

こし器

sietiņš

ふるい

siets

すりおろし器

rīve

すり鉢

piesta

バーベキュー

grilēt

かまど

atklāts pavards

まな板
dēlis

麺棒
mīklas rullis

栓抜き
korķu vilķis

缶
bundža

缶切り
konservu nazis

鍋つかみ
virtuves cimdi

流し
izlietne

ブラシ
birste

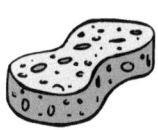

スポンジ
sūklis

ミキサー
mikseris

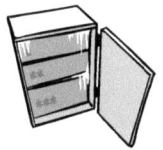

冷凍庫
saldētava

哺乳瓶
bērna pudelīte

蛇口
ūdenskrāns

浴室

vannas istaba

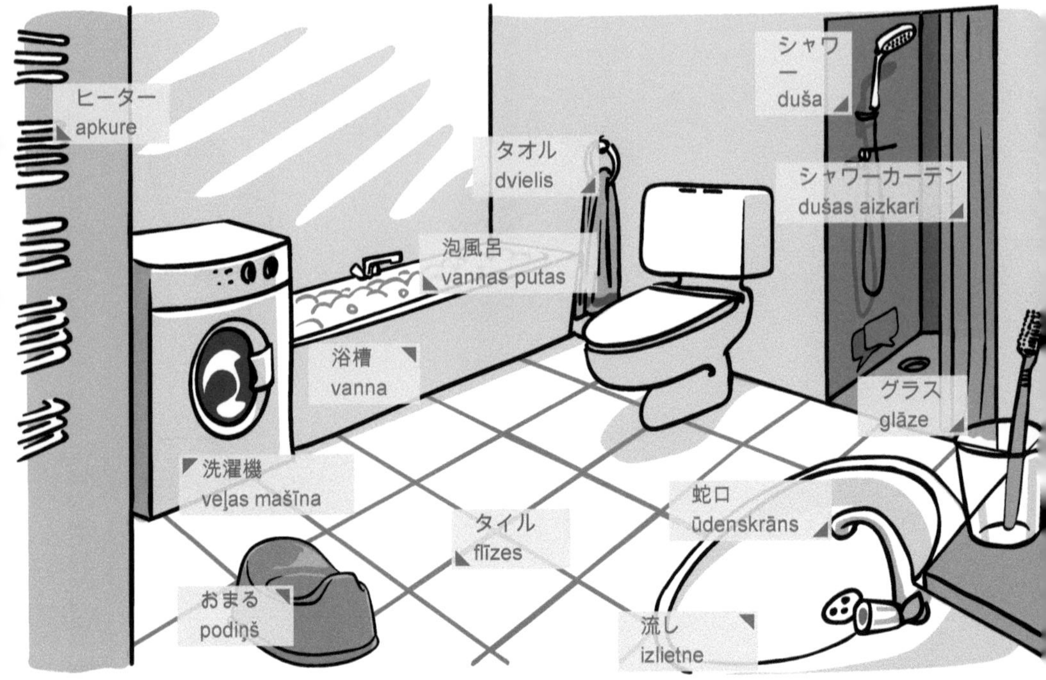

ヒーター
apkure
タオル
dvielis
シャワー
duša
シャワーカーテン
dušas aizkari
泡風呂
vannas putas
浴槽
vanna
グラス
glāze
洗濯機
veļas mašīna
蛇口
ūdenskrāns
タイル
flīzes
おまる
podiņš
流し
izlietne

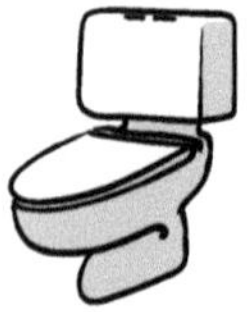

トイレ

tualetes pods

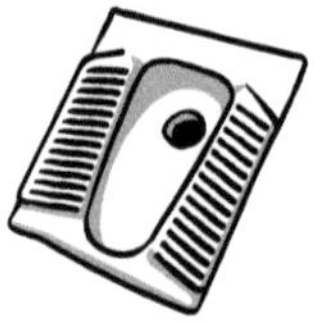

和式トイレ

Āzijas tipa tualete

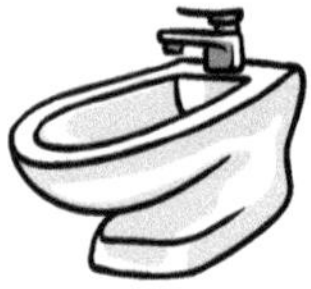

ビデ

bidē

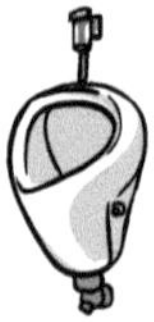

小便器

pisuārs

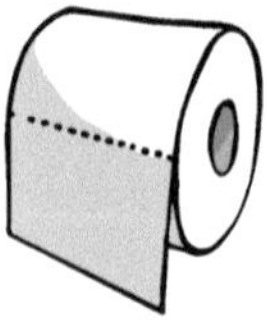

トイレットペーパー

tualetes papīs

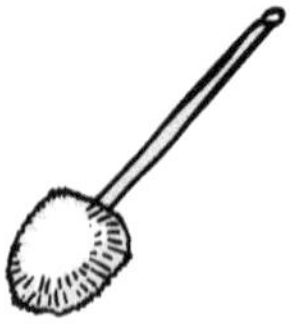

トイレブラシ

tualetes birste

歯ブラシ

zobu birste

歯みがき

zobu pasta

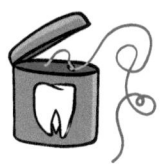

デンタルフロス

zobu diegs

洗う

mazgāt

シャワーヘッド

rokas duša

ハンドビデ

duša

洗面台

bļoda

ボディブラシ

muguras mazgāšanas birste

石鹸

ziepes

シャワー用ジェル

dušas želeja

シャンプー

šampūns

浴用タオル

mazgāšanas drāna

排水口

noteka

クリーム

krēms

消臭

dezodorants

鏡

spogulis

手鏡

spogulītis

かみそり

skuveklis

シェービング・フォーム

skūšanās putas

アフターシェーブローショ
ン

losjons pēc skūšanās

櫛

ķemme

ブラシ

matu suka

ドライヤー

matu fēns

ヘアスプレー

matu laka

化粧

grima komplekts

口紅

lūpu krāsa

マニキュア

nagulaka

脱脂綿

vate

爪切り

šķērītes

香水

smaržas

洗面用具入れ

kosmētikas maks

スツール

ķeblītis

体重計

svari

バスローブ

halāts

ゴム手袋

tīrīšanas cimdi

タンポン

tampons

生理用ナプキン

pakete

ケミカルトイレ

ķīmiskā tualete

子供部屋

bērnu istaba

目覚まし時計
modinātājs
ぬいぐるみ
mīkstā rotaļlieta
おもちゃの自動車
spēļu automašīna
がらがら
grabulis
ドール・ハウス
leļļu māja
プレゼント
dāvana

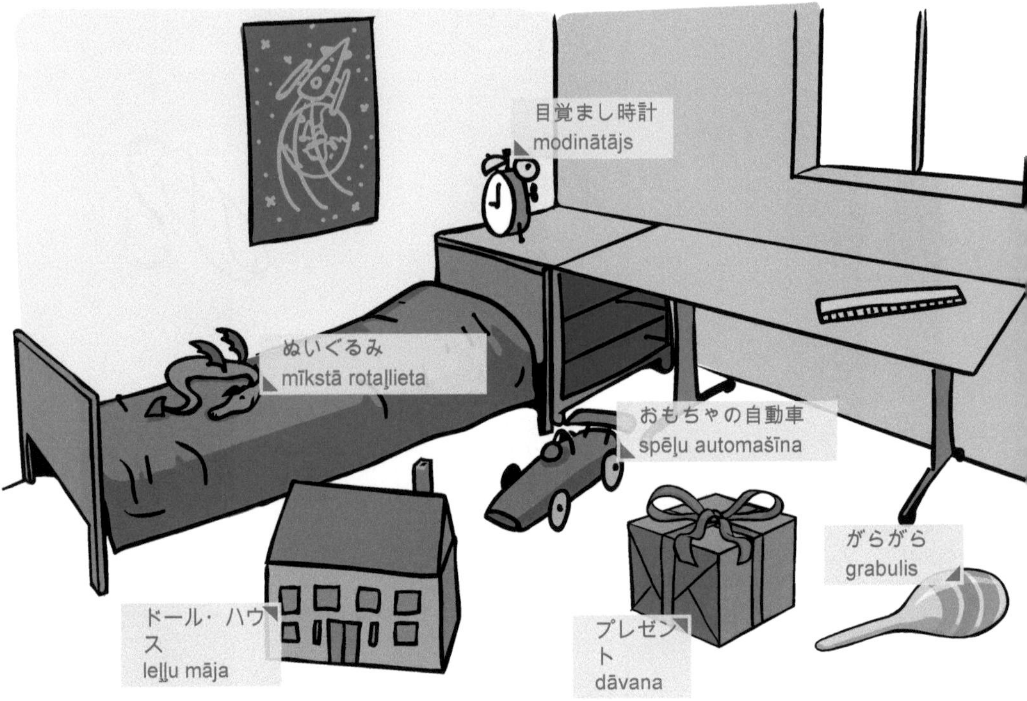

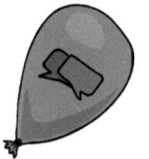

風船

balons

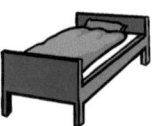

ベッド

gulta

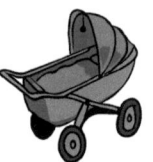

ベビーカー

bērnu ratiņi

カードゲーム

kārtis

ジグソーパズル

puzle

SUPER MEGA

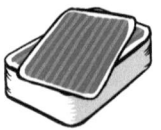

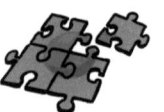

漫画

komikss

レゴ
LEGO klucīši

玩具ブロック
klucīši

アクションフィギュア
varoņu figūra

ロンパース
rāpulītis

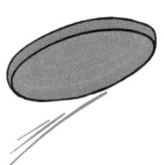

フリスビー
lidojošais šķīvītis

モバイル
muzikālais karuselis

ボードゲーム
galda spēle

さいころ
metamais kauliņš

鉄道模型
rotaļu dzelzceļš

おしゃぶり
māneklis

パーティー
ballīte

絵本
bilžu grāmata

ボール
bumba

人形
lelle

遊ぶ
spēlēt

砂場

smilšu kaste

ブランコ

šūpoles

おもちゃ

rotaļlietas

ゲーム機

spēļu konsole

三輪車

trīsritenis

テディベア

plīša lācītis

衣装ダンス

drēbju skapis

衣服

apģērbs

靴下

īszeķes

ストッキング

zeķes

タイツ

zeķbikses

スカーフ
šalle

ベルト
siksna

雨傘
lietussargs

Tシャツ
T-krekls

スニーカー
botas

ブーツ
zābaks

スリッパ
čības

サンダル
sandales

靴
kurpes

ゴム長靴
gumijas zābaki

パンツ
apakšbikses

ブラ
krūšturis

ベスト
apakškrekls

衣服 - apģērbs

45

ボディースーツ
bodijs

ズボン
bikses

ジーンズ
džinsi

スカート
svārki

ブラウス
blūze

シャツ
krekls

セーター
pulovers

パーカー
džemperis

ブレザー
žakete

ジャケット
jaka

コート
mētelis

レインコート
lietus mētelis

服装
kostīms

ドレス
kleita

ウェディングドレス
kāzu kleita

衣服 - apģērbs

スーツ

uzvalks

ナイトガウン

naktskrekls

パジャマ

pidžama

サリー

sari

ヘッドスカーフ

lakats

ターバン

turbāns

ブルカ

burka

カフタン

kaftāns

アバヤ

abaja

水着

peldkostīms

トランクス

peldbikses

半ズボン

šorti

スウェットスーツ

treniņtērps

エプロン

priekšauts

手袋

cimdi

ボタン

poga

メガネ

brilles

ブレスレット

rokassprādze

ネックレス

kaklarota

指輪

gredzens

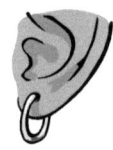

イヤリング

auskars

帽子

cepure

ハンガー

drēbju pakaramais

帽子

platmale

ネクタイ

kaklasaite

ファスナー

rāvējslēdzējs

ヘルメット

ķivere

サスペンダー

bikšturi

制服

skolas forma

ユニフォーム

uniforma

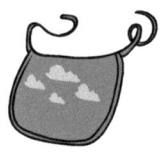

よだれかけ

priekšautiņš

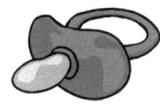

おしゃぶり

māneklis

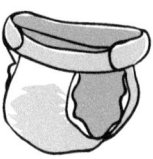

おむつ

autiņbiksītes

オフィス

birojs

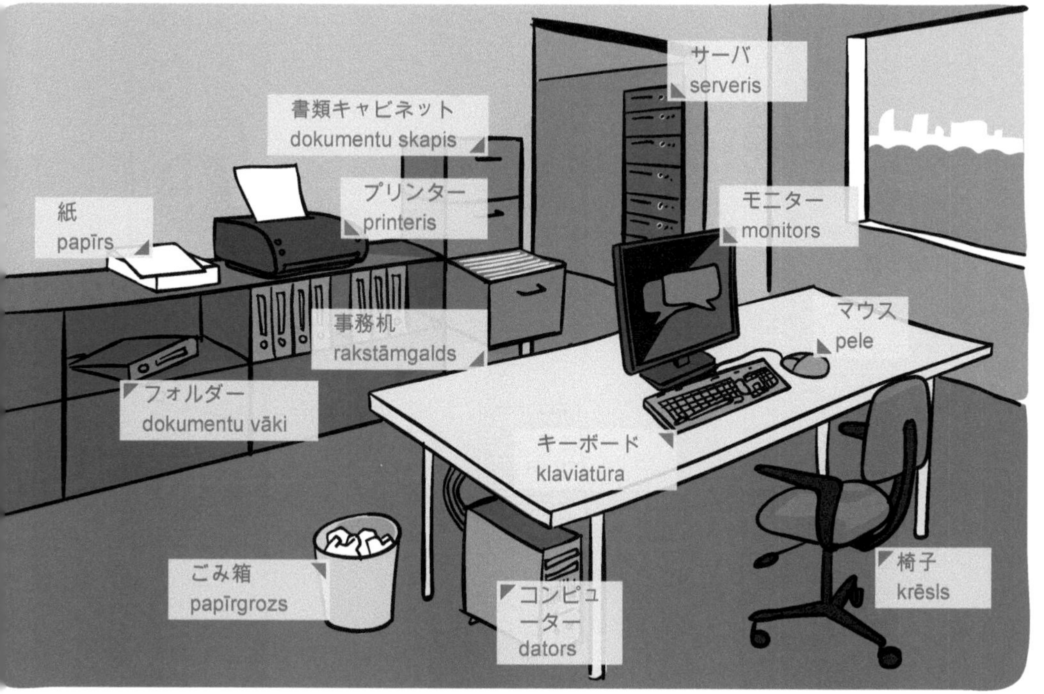
サーバ
serveris
書類キャビネット
dokumentu skapis
プリンター
printeris
紙
papīrs
モニター
monitors
マウス
pele
事務机
rakstāmgalds
フォルダー
dokumentu vāki
キーボード
klaviatūra
椅子
krēsls
ごみ箱
papīrgrozs
コンピュ
ーター
dators

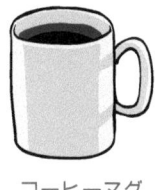

コーヒーマグ

kafijas krūze

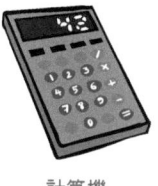

計算機

kalkulators

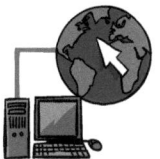

インターネット

internets

ラップトップ

portatīvais dators

手紙

vēstule

メッセージ

ziņa

携帯電話

mobilais tālrunis

ネットワーク

tīkls

コピー機

kopētājs

ソフトウェア

programmatūra

電話

telefons

コンセント

rozete

ファックス

faksa aparāts

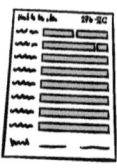

フォーム

formulārs

書類

dokuments

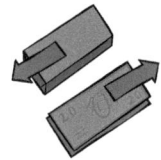

買う
pirkt

支払う
samaksāt

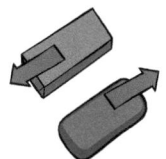

取引する
tirgot

お金
nauda

ドル
dolārs

ユーロ
eiro

円
jēna

ルーブル
rublis

スイスフラン
franks

人民元
juaņa renminbi

ルピー
rūpija

キャッシュポイント
bankomāts

両替所

valūtas maiņas punkts

金

zelts

銀

sudrabs

油

nafta

エネルギー

enerģija

価格

cena

契約

līgums

税金

nodoklis

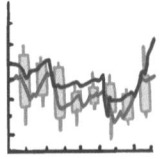

株

akcija

働く

strādāt

従業員

darbinieks

雇用主

darba devējs

工場

fabrika

ショップ

veikals

職業
profesijas

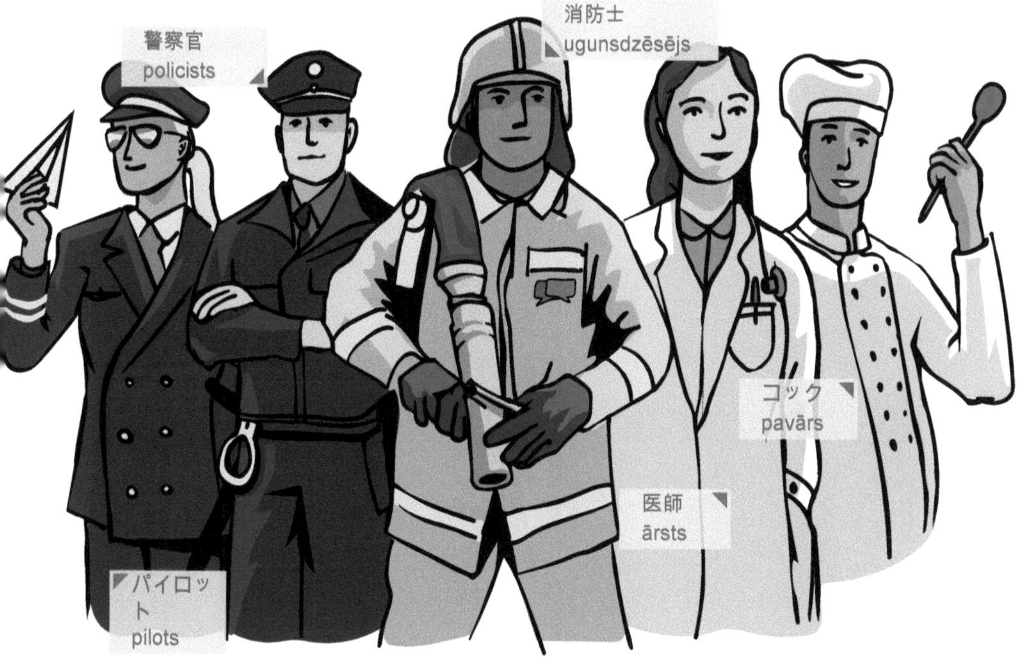

警察官
policists
消防士
ugunsdzēsējs
コック
pavārs
医師
ārsts
パイロット
pilots

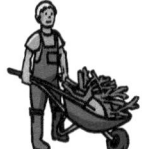

庭師

dārznieks

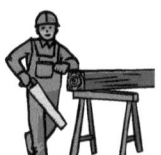

大工

galdnieks

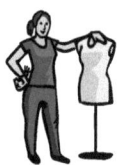

お針子

šuvēja

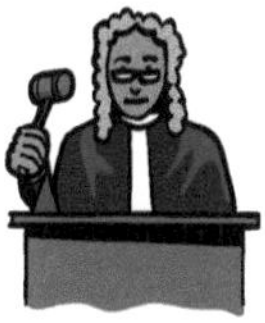

裁判官

tiesnesis

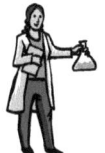

化学者

ķīmiķis

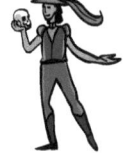

俳優

aktieris

バスの運転手

autobusa vadītājs

タクシー運転手

taksometra vadītājs

漁師

zvejnieks

掃除婦

apkopēja

屋根ふき職人

jumiķis

ウェイター

viesmīlis

ハンター

mednieks

塗装工

gleznotājs

パン屋

maiznieks

電気工

elektriķis

建設作業員

celtnieks

エンジニア

inženieris

肉屋

miesnieks

配管工

skārdnieks

郵便配達人

pastnieks

軍人

karavīrs

建築家

arhitekts

レジ係

kasieris

花屋

florists

美容師

frizieris

車掌

konduktors

機械工

mehāniķis

キャプテン

kapteinis

歯科医

zobārsts

科学者

zinātnieks

ラビ

rabīns

イスラム導師

imāms

修道士

mūks

牧師

mācītājs

道具

instrumenti

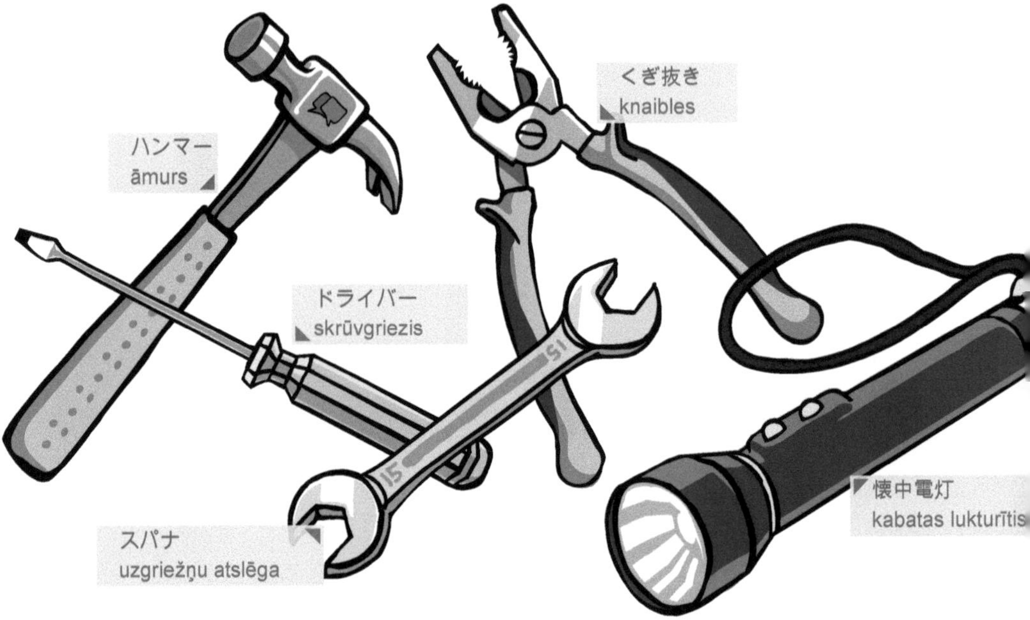

くぎ抜き
knaibles
ハンマー
āmurs
ドライバー
skrūvgriezis
スパナ
uzgriežņu atslēga
懐中電灯
kabatas lukturītis

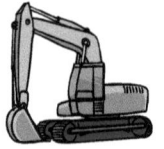

掘削機

ekskavators

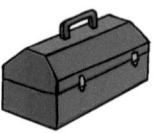

道具箱

instrumentu kaste

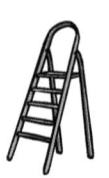

はしご

kāpnes

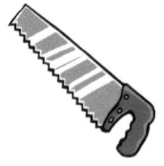

のこぎり

zāģis

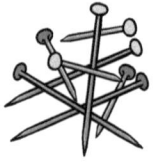

釘

naglas

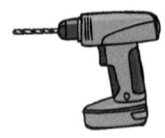

ドリル

urbis

修理する
remontēt

シャベル
lāpsta

クソ！
Velns!

ちりとり
liekšķere

ペンキ缶
krāsas bundža

ネジ
skrūves

楽器
mūzikas instrumenti

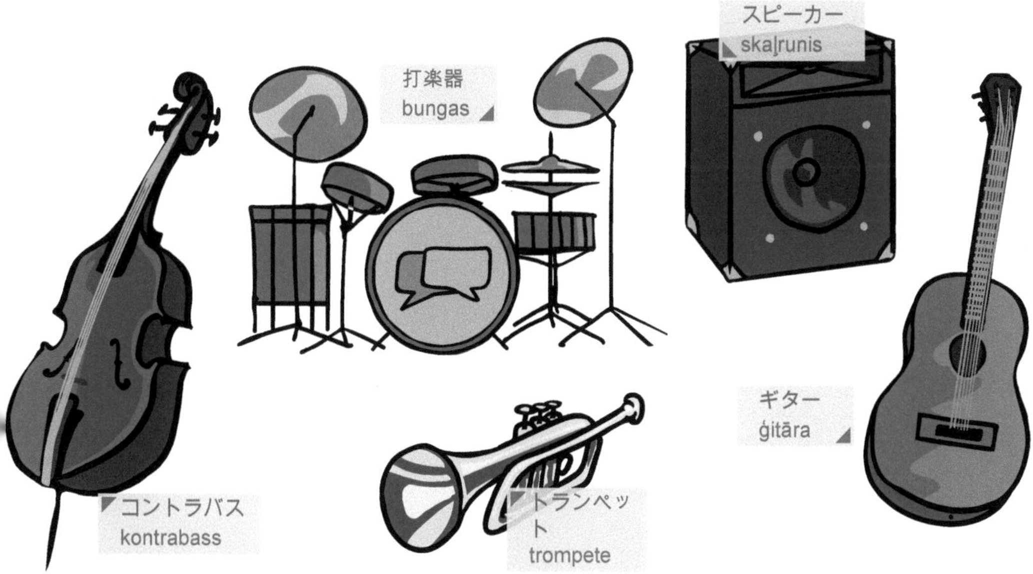

スピーカー
skaļrunis

打楽器
bungas

コントラバス
kontrabass

トランペット
trompete

ギター
ģitāra

ピアノ

klavieres

バイオリン

vijole

バス

bass

ティンパニ

timpāni

ドラム

bungas

キーボード

digitālās klavieres

サックス

saksofons

フルート

flauta

マイクロフォン

mikrofons

動物園

zooloģiskais dārzs

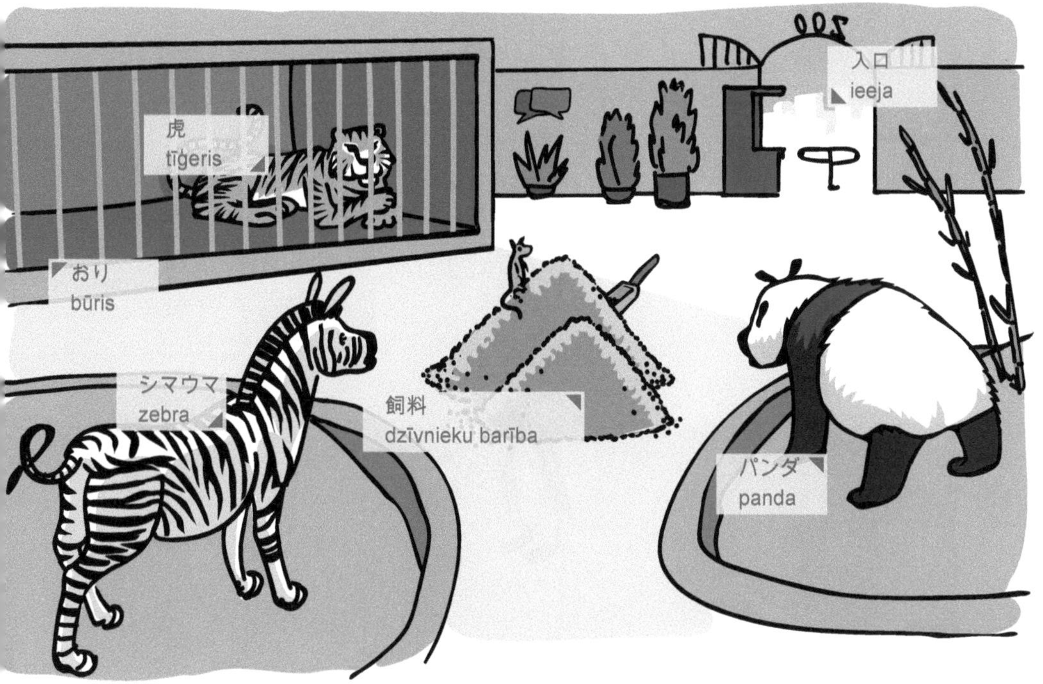

200
入口
ieeja
虎
tīģeris
おり
būris
シマウマ
zebra
飼料
dzīvnieku barība
パンダ
panda

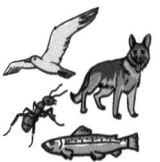

動物

dzīvnieki

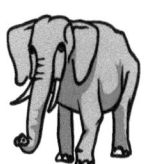

象

zilonis

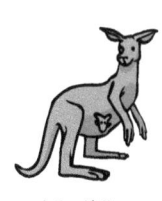

カンガルー

ķengurs

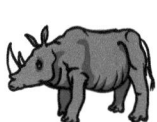

サイ

degunradzis

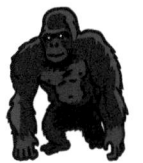

ゴリラ

gorilla

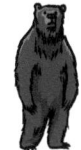

熊

lācis

ラクダ

kamielis

ダチョウ

strauss

ライオン

lauva

猿

pērtiķis

フラミンゴ

flamings

オウム

papagailis

白クマ

polārlācis

ペンギン

pingvīns

サメ

haizivs

クジャク

pāvs

蛇

čūska

ワニ

krokodils

飼育係

zoodārza sargs

アザラシ

ronis

ジャガー

jaguārs

ポニー

ponijs

ヒョウ

leopards

カバ

nīlzirgs

キリン

žirafe

鷲

ērglis

雄豚

meža cūka

魚

zivs

亀

bruņurupucis

セイウチ

valzirgs

狐

lapsa

ガゼル

gazele

アメフト
amerikāņu futbols

サイクリング
riteņbraukšana

テニス
teniss

バスケットボール
basketbols

水泳
peldēšana

ボクシング
bokss

アイスホッケー
hokejs

サッカー

futbols

バドミントン

badmintons

陸上競技

vieglatlētika

ハンドボール

rokas bumba

スキー

slēpošana

ポロ

polo

活動

darbības

跳ぶ
lēkt
抱きしめる
apskaut
笑う
smieties
歩く
iet
歌う
dziedāt
夢見る
sapņot
祈る
lūgt
キス
skūpstīt

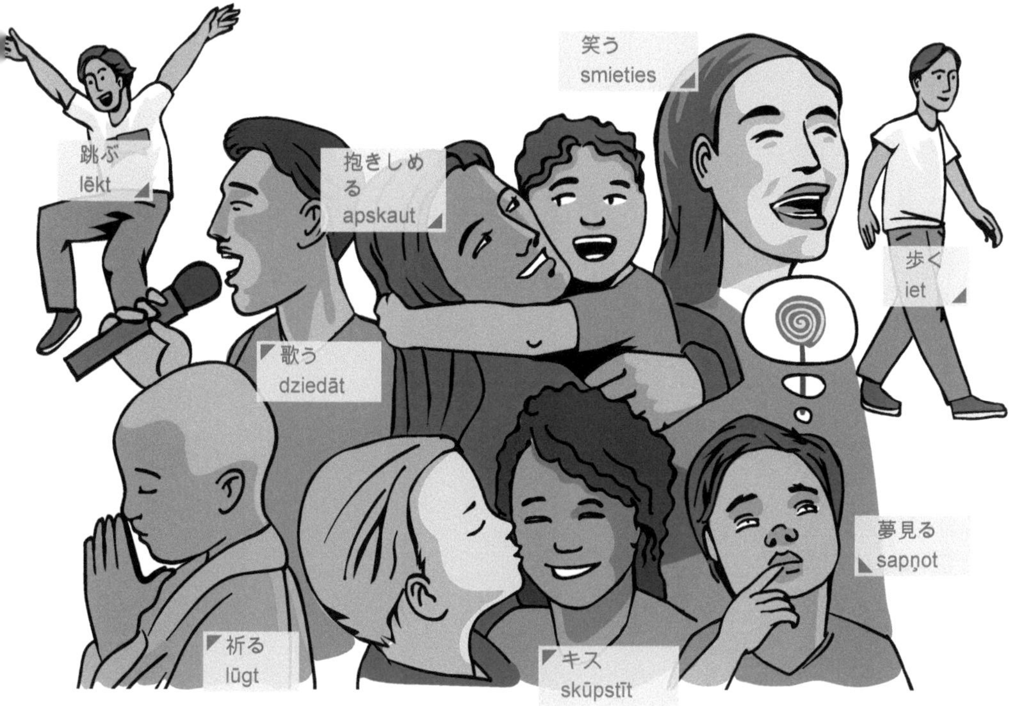

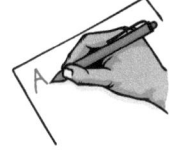

書く

rakstīt

描く

zīmēt

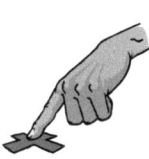

示す

rādīt

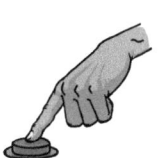

押す

spiest

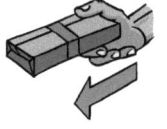

与える

dot

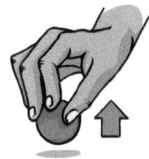

取る

ņemt

持っている
....
būt

する
....
darīt

ある
....
būt

立つ
....
stāvēt

走る
....
skriet

引く
....
vilkt

投げる
....
mest

落ちる
....
krist

横たわっている
....
gulēt

待つ
....
gaidīt

運ぶ
....
nest

座る
....
sēdēt

着る
....
uzģērbt

眠る
....
gulēt

目が覚める
....
pamosties

見る

skatīties

泣く

raudāt

なでる

glāstīt

櫛ですく

ķemmēt

話す

runāt

理解する

saprast

質問する

jautāt

聞く

dzirdēt

飲む

dzert

食べる

ēst

片づける

sakārtot

愛する

mīlēt

料理する

vārīt

運転する

braukt

飛ぶ

lidot

ヨットに乗る

burot

計算する

rēķināt

読む

lasīt

学ぶ

mācīties

働く

strādāt

結婚する

precēties

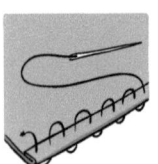

縫う

šūt

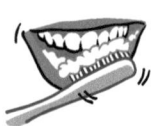

歯を磨く

tīrīt zobus

殺す

nogalināt

喫煙する

smēķēt

送る

sūtīt

祖母
vecāmāte

祖父
vectēvs

父
tēvs

母
māte

赤ん坊
mazulis

娘
meita

息子
dēls

お客様
viesis

おば
tante

おじ
onkulis

兄弟
brālis

姉妹
māsa

体

ķermenis

ひたい
piere
目
acs
肩
plecs
指
pirksts
顔
seja
あご
zods
手
roka
脚
kāja
胸
krūtis
腕
roka

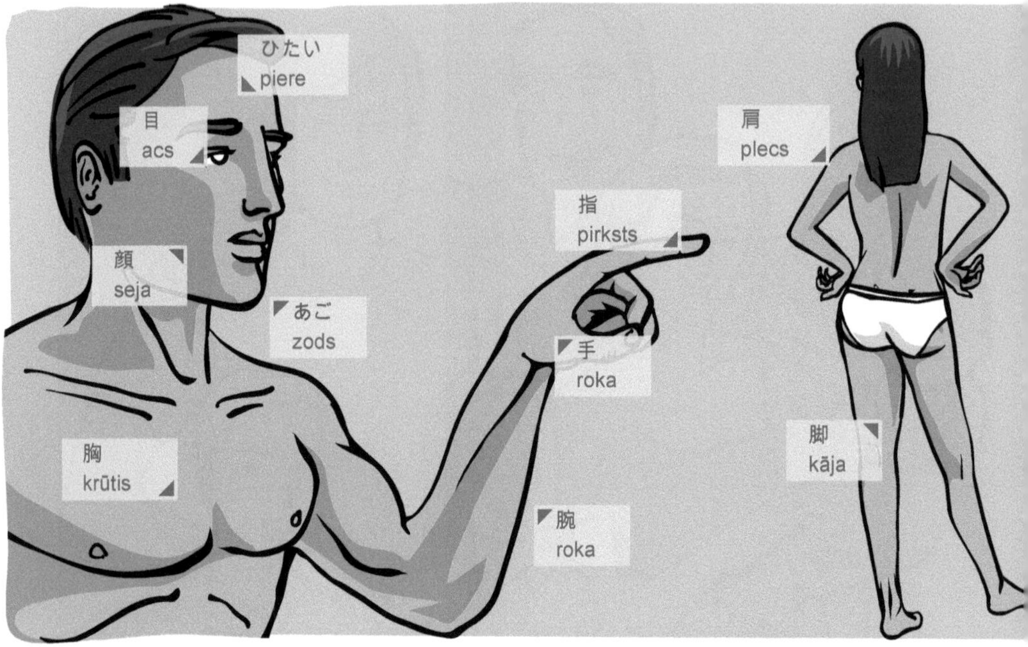

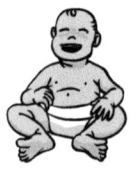

赤ん坊

mazulis

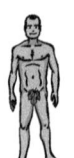

男性

vīrietis

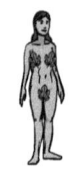

女性

sieviete

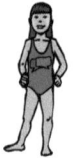

少女

meitene

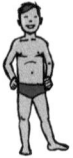

少年

zēns

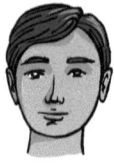

頭

galva

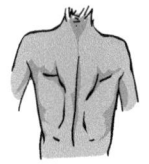

背中

mugura

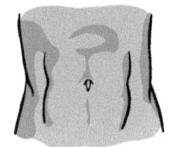

腹

vēders

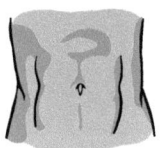

へそ

naba

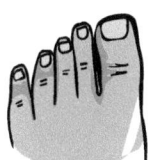

足指

kājas pirksts

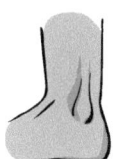

かかと

papēdis

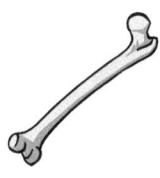

骨

kauls

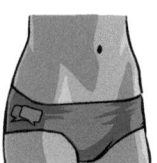

腰

gurns

ひざ

celis

ひじ

elkonis

鼻

deguns

尻

dibens

皮膚

āda

頬

vaigs

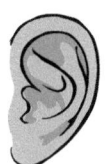

耳

auss

唇

lūpa

口
mute

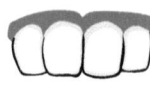

歯
zobs

舌
mēle

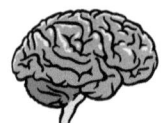

脳
smadzenes

心臓
sirds

筋肉
muskulis

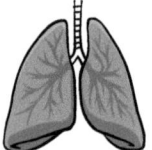

肺
plaušas

肝臓
aknas

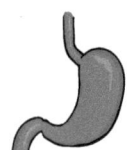

胃
kuņģis

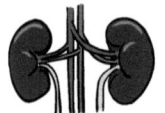

腎臓
nieres

セックス
dzimumakts

コンドーム
kondoms

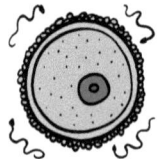

卵細胞
olšūna

精液
sperma

妊娠
grūtniecība

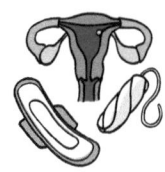

月経

menstruācijas

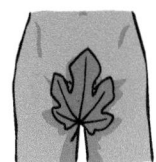

膣

vagīna

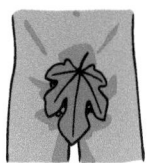

ペニス

penis

眉

uzacs

髪

mati

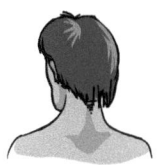

首

kakls

病院

slimnīca

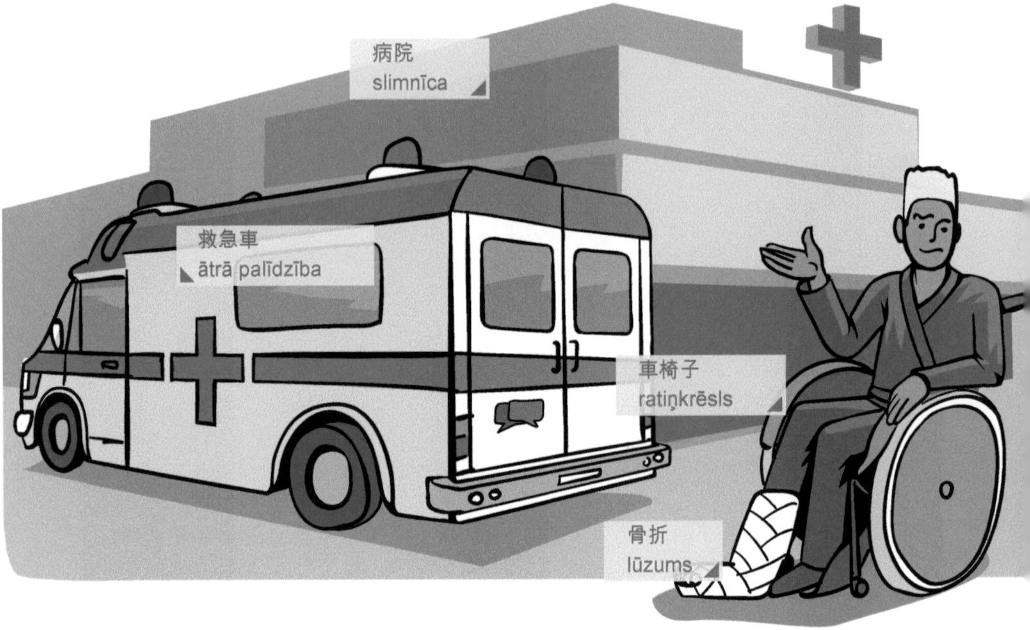

病院
slimnīca
救急車
ātrā palīdzība
車椅子
ratiņkrēsls
骨折
lūzums

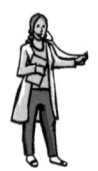

医師

ārsts

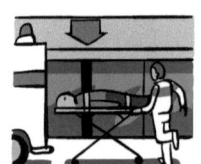

救急治療室

neatliekamās palīdzības nodaļa

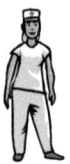

看護師

medmāsa

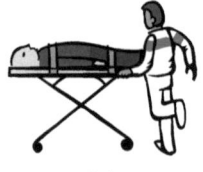

救急

ārkārtas gadījums

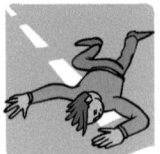

失神

paģībis

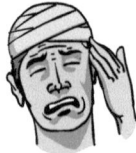

痛み

sāpes

けが

ievainojums

出血

asiņošana

心臓発作

sirdslēkme

脳卒中

insults

アレルギー

alerģija

咳

klepus

熱

temperatūra

インフルエンザ

gripa

下痢

caureja

頭痛

galvassāpes

癌

vēzis

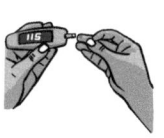

糖尿病

diabēts

外科医

ķirurgs

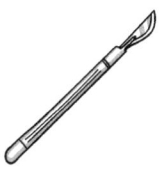

外科用メス

skalpelis

手術

operācija

CT

datortomogrāfija

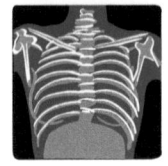

レントゲン

rentgents

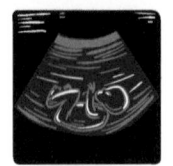

超音波

ultraskaņa

マスク

sejas maska

病気

slimība

待合室

uzgaidāmā telpa

松葉づえ

kruķis

ばんそうこう

plāksteris

包帯

apsējs

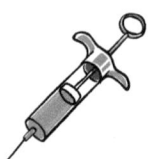

注射

injekcija

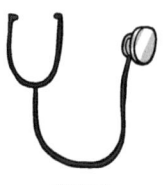

聴診器

stetoskops

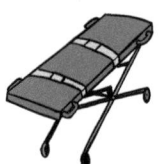

担架

nestuves

体温計

termometrs

出産

dzemdības

肥満

liekais svars

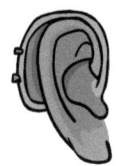

補聴器

dzirdes aparāts

消毒剤

dezinfekcijas līdzeklis

感染

infekcija

ウイルス

vīruss

HIV / エイズ

HIV / AIDS

内服薬

zāles

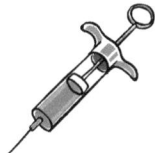

予防接種

pote

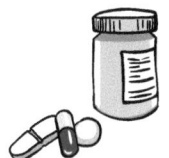

錠剤

tabletes

ピル

pretapaugļošanās tablete

緊急電話

ārkārtas izsaukums

血圧計

asinsspiediena mērītājs

病気の　/　健康な

slims / vesels

助けて！

Palīgā!

アラーム

trauksme

暴行

uzbrukums

攻撃

uzbrukums

危険

bīstamība

非常口

avārijas izeja

火事だ！

Uguns!

消火器

ugunsdzēšamais aparāts

事故

negadījums

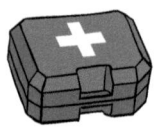

救急箱

pirmās palīdzības aptieciņa

SOS

SOS

警察

policija

ヨーロッパ

Eiropa

北米

Ziemeļamerika

南米

Dienvidamerika

アフリカ

Āfrika

アジア

Āzija

オーストラリア

Austrālija

大西洋

Atlantijas okeāns

太平洋

Klusais okeāns

インド洋

Indijas okeāns

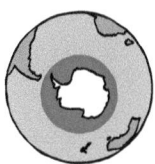

南極海

Dienvidu okeāns

北極海

Ziemeļu ledus okeāns

北極

Ziemeļpols

南極
Dienvidpols

南極大陸
Antarktika

地球
zeme

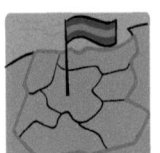

陸
zeme

海
jūra

島
sala

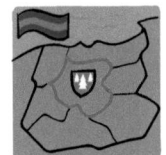

国家
nācija

国家
valsts

文字盤

ciparnīca

短針

stundu rādītājs

長針

minūšu rādītājs

秒針

sekunžu rādītājs

何時ですか？

Cik ir pulkstenis?

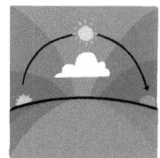

日

diena

時間

laiks

現在

tagad

デジタル時計

digitālais pulkstenis

分

minūte

時間

stunda

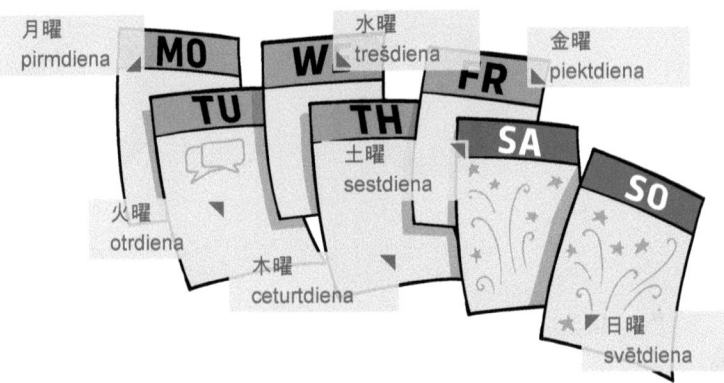

月曜 pirmdiena
火曜 otrdiena
水曜 trešdiena
木曜 ceturtdiena
金曜 piektdiena
土曜 sestdiena
日曜 svētdiena

昨日

vakardien

今日

šodien

明日

rītdien

朝

rīts

昼

pusdienlaiks

夜

vakars

MO	TU	WE	TH	FR	SA	SU
1	2	3	4	5	6	7
8	9	10	11	12	13	14
15	16	17	18	19	20	21
22	23	24	25	26	27	28
29	30	31	1	2	3	4

営業日

darbadienas

MO	TU	WE	TH	FR	SA	SU
1	2	3	4	5	6	7
8	9	10	11	12	13	14
15	16	17	18	19	20	21
22	23	24	25	26	27	28
29	30	31	1	2	3	4

週末

brīvdienas

年
gads

雨
lietus
虹
varavīksne
雪
sniegs
風
vējš
春
pavasaris
秋
rudens
夏
vasara
冬
ziema

4.APRIL 11°
5.APRIL 4°
6.APRIL 13°
7.APRIL 8°
8.APRIL 10°

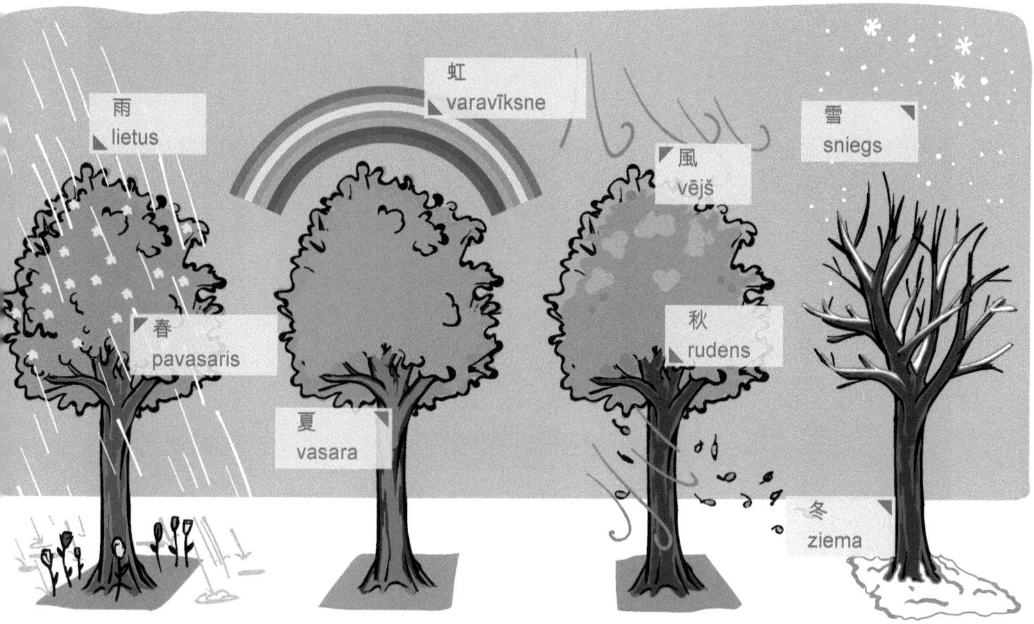

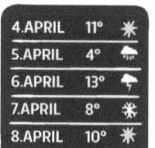

天気予報

laika prognoze

F C
120 40
90 30
60 20
30 10
0 0
-30 -10
-20

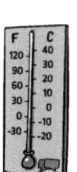

温度計

termometrs

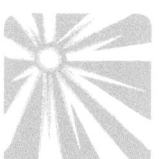

日差し

saules gaisma

雲

mākonis

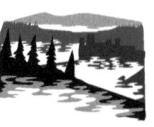

霧

migla

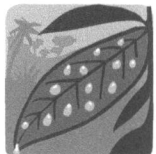

湿度

gaisa mitrums

雷

zibens

雷

pērkons

嵐

vētra

ひょう

krusa

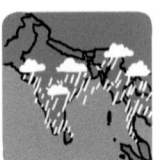

季節風

musons

洪水

plūdi

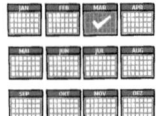

氷

ledus

1月

janvāris

2月

februāris

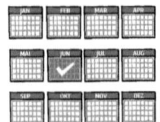

3月

marts

4月

aprīlis

5月

maijs

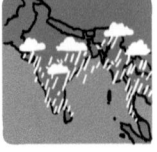

6月

jūnijs

7月

jūlijs

8月

augusts

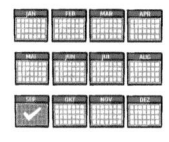

9月
....
septembris

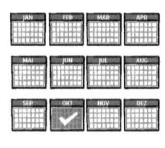

10月
....
oktobris

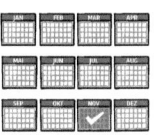

11月
....
novembris

12月
....
decembris

formas

円
....
aplis

正方形
....
kvadrāts

長方形
....
četrstūris

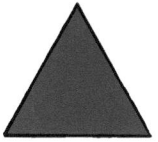

三角
....
trīsstūris

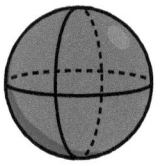

球
....
lode

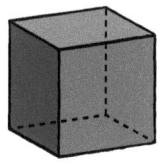

立方体
....
kubs

白
....
balts

黄
....
dzeltens

オレンジ
....
oranžs

ピンク
....
sārts

赤
....
sarkans

紫
....
lillā

青
....
zils

緑
....
zaļš

茶
....
brūns

灰色
....
pelēks

黒
....
melns

多い ／ 少ない

daudz / maz

怒っている /
落ち着いている
saniknots / miermīlīgs

美しい ／ 醜い

skaists / neglīts

初め ／ 終わり

sākums / beigas

大きい ／ 小さい

liels / mazs

明るい ／ 暗い

gaišs / tumšs

兄弟 ／ 姉妹

brālis / māsa

清潔な / 汚い

tīrs / netīrs

完全な ／ 不完全な

pilnīgs / nepilnīgs

日中 ／ 夜

diena / nakts

死んだ ／ 生きている

miris / dzīvs

幅広い ／ 狭い

plats / šaurs

食べられる ／
食べられない
baudāms / nebaudāms

悪意のある ／ 親切な
nikns / laipns

興奮している ／
退屈している
satraukts / garlaikots

太った ／ 痩せた
resns / tievs

最初に ／ 最後に
pirmais /pēdējais

友人 ／ 敵
draugs / ienaidnieks

いっぱいの ／ 空の
pilns / tukšs

硬い ／ 柔らかい
ciets / mīksts

重い ／ 軽い
smags / viegls

空腹 ／ 喉の渇き
izsalkums / slāpes

病気の ／ 健康な
slims / vesels

違法な ／ 合法な
nelegāls / legāls

賢い ／ 愚かな
inteliģents / dumjš

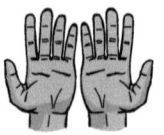

左に ／ 右に
kreisais / labais

近い ／ 遠い
tuvu / tālu

新しい / 中古の

jauns / lietots

何もない / 何かある

nekas / kaut kas

老いた / 若い

vecs / jauns

オン / オフ

ieslēgts / izslēgts

開いている /
閉まっている
atvērts / slēgts

静かな / うるさい

kluss / skaļš

裕福な / 貧乏な

bagāts / nabags

正しい / 間違っている

pareizi / nepareizi

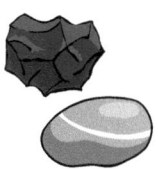

粗い / なめらか

raupjš / gluds

悲しい / 幸せな

noskumis / laimīgs

短い / 長い

īss / garš

ゆっくり / 速い

lēns / ātrs

濡れた / 乾いた

slapjš / sauss

温かい / 冷たい

silts / vēss

戦争 / 平和

karš / miers

0

ゼロ

nulle

1

1

viens

2

2

divi

3

3

trīs

4

4

četri

5

5

pieci

6

6

seši

7

7

septiņi

8

8

astoņi

9

9

deviņi

10

10

desmit

11

11

vienpadsmit

12

12

divpadsmit

13

13

trīspadsmit

14

14

četrpadsmit

15

15

piecpadsmit

16

16

sešpadsmit

17

17

septiņpadsmit

18

18

astoņpadsmit

19

19

deviņpadsmit

20

20

divdesmit

100

100

simts

1.000

1000

tūkstotis

1.000.000

100万

miljons

英語

angļu

アメリカ英語

amerikāņu angļu

中国標準語

ķīniešu mandarīnu valoda

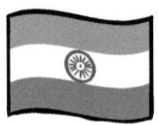

ヒンディー語

hindi

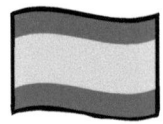

スペイン語

spāņu

フランス語

franču

アラビア語

arābu

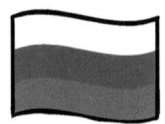

ロシア語

krievu

ポルトガル語

portugāļu

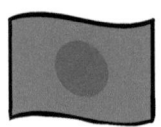

ベンガル語

bengāļu

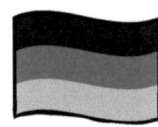

ドイツ語

vācu

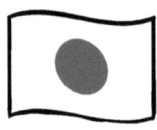

日本語

japāņu

私

es

あなた

tu

彼 / 彼女 / それ

viņš / viņa

私たち

mēs

あなたたち

jūs

彼ら

viņi / viņas

誰？

kas?

何？

ko?

どうやって？

kā?

どこ？

kur?

いつ？

kad?

名前

vārds

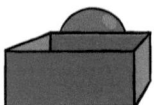

後ろ

aiz

中

iekšā

前

priekšā

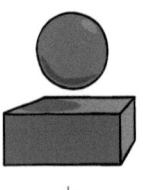

上

virs

上

uz

下

zem

横

blakus

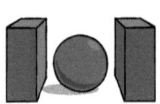

間

starp

場所

vieta